CHEMIN de FER de PARIS à NEVERS.

DEUXIÈME EMBRANCHEMENT

PAR LA VALLÉE DE L'ESSONNE

ET PITHIVIERS.

OBSERVATIONS ET DOCUMENTS

JUSTIFIANT CETTE DIRECTION.

PITHIVIERS,
TYPOGRAPHIE ET LITHOGRAPHIE DE CHENU,

1855.

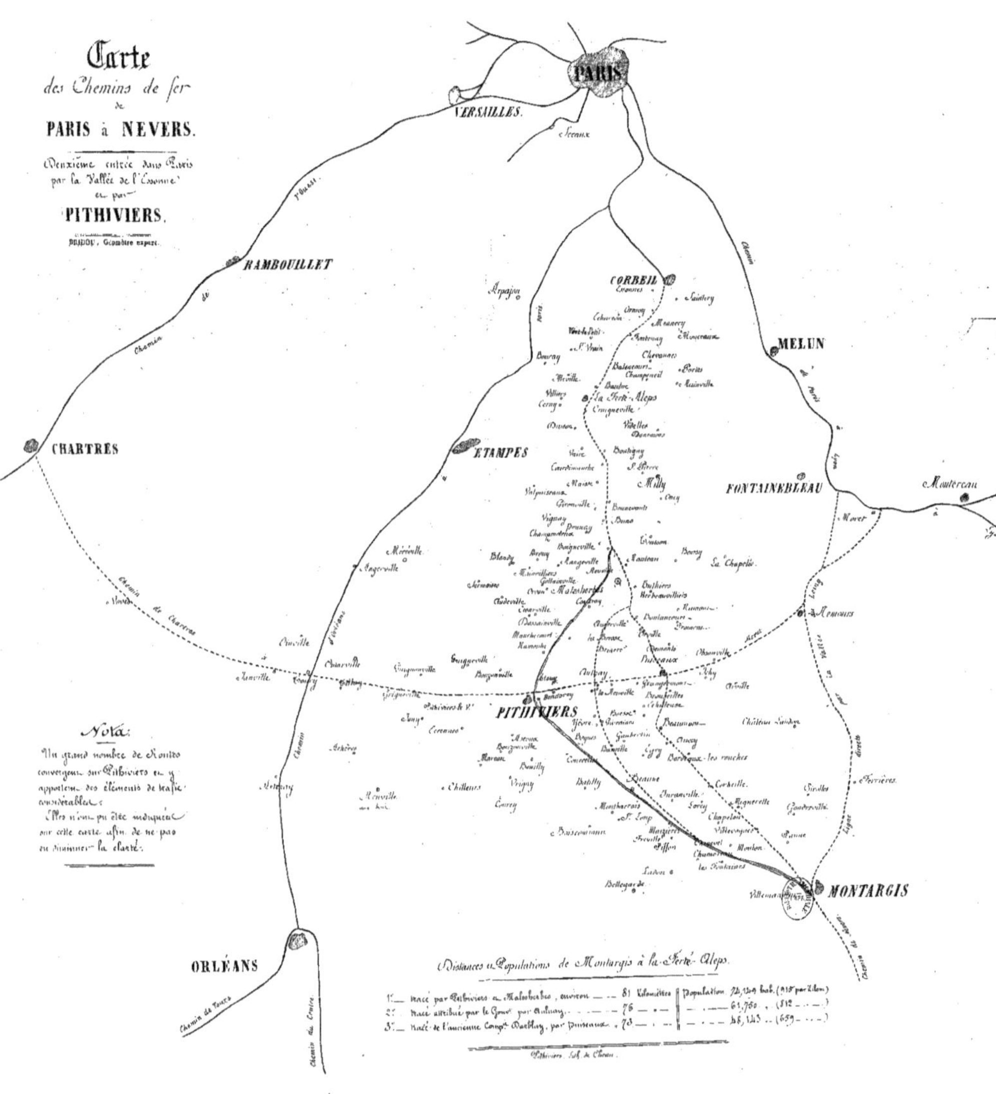

Carte
des Chemins de fer
de
PARIS à NEVERS.
Deuxième entrée dans Paris
par la Vallée de l'Essonne
et par
PITHIVIERS.
BRIDOU, Géomètre expert.
Nota
Un grand nombre de Routes convergent sur Pithiviers et y apportent des éléments de trafic considérables.
Elles n'ont pu être indiquées sur cette carte afin de ne pas en diminuer la clarté.
PARIS
VERSAILLES
Sceaux
RAMBOUILLET
Arpajon
CORBEIL
Evanies
Saintry
MELUN
CHARTRES
ETAMPES
Milly
FONTAINEBLEAU
Montereau
Moret
Malesherbes
Nemours
PITHIVIERS
MONTARGIS
ORLÉANS
Distances et Populations de Montargis à la Ferté-Aleps.
1. — Tracé par Pithiviers et Malesherbes, environ — 81 Kilomètres | Population 74,709 hab. (915 p.)
2. — Tracé attribué par le Gouv.t par Aulnay — 76 — | — 61,750 (812)
3. — Tracé de l'ancienne Comp.ie Darblay, par Puiseaux — 73 — | — 58,143 (659)
Pithiviers, Lith. de Choron.

DÉLIBÉRATION

Du Conseil Municipal de la ville de Pithiviers,

A L'OCCASION

Du tracé d'un chemin de fer devant passer par cette ville.

Séance du 6 Février 1855.

M. le Maire expose au Conseil :

Que depuis qu'il est question de créer des chemins de fer devant relier le département du Loiret avec la capitale, la ville de Pithiviers n'a cessé de faire entendre combien il y aurait justice à la doter d'un embranchement ;

Que, dès l'année 1839, alors que la ligne principale de Paris à Orléans fut votée, la loi contenait dans ses dispositions l'obligation pour la compagnie d'établir un embranchement sur Pithiviers ;

Que cette loi, qui pourtant n'a jamais été formellement rapportée, est restée inexécutée au préjudice de notre riche arrondissement qu'à tort l'ancien gouvernement a laissé deshériter ;

Que depuis lors et à diverses époques des démarches réitérées ont été faites, mais toujours infructueusement, pour arriver à la réparation de ce préjudice ;

Que notamment, pendant le cours des années 1853 et 1854, plusieurs projets officiels et officieux ont été examinés par le Conseil, et que les enquêtes qui ont eu lieu conformément à la loi, à l'égard de quelques-uns d'eux, avaient été de telle nature que l'arrondissement de Pithiviers tout entier et la ville en particulier devaient nécessairement compter voir enfin leurs vœux exaucés ;

Que cette conviction s'était surtout fortifiée par suite des lettres adressées à la municipalité sous les dates des 23 et 30 décembre 1853, 9 et 11 janvier 1854, soit par M. le chef du cabinet de Sa Majesté, soit par M. le Ministre de la justice, soit par le M. Directeur général des chemins de fer, en réponse à la demande par nous faite de ne concéder la ligne de Nevers que sous la condition de l'exécution immédiate de celle de Chartres à Moret par Pithiviers ;

1

Que chaque jour la population de la ville de Pithiviers et celle des communes rurales de l'arrondissement, pleines de confiance dans la haute justice de l'Empereur, espéraient voir paraître le décret de concession ; mais que les événements politiques ayant tout paralysé à cet égard, on était dans l'attente, lorsque ces jours derniers les feuilles publiques annoncèrent que trois compagnies réunies, substituées à celle Darblay, venaient d'obtenir la concession du chemin de fer de Nevers, sans qu'il fût d'ailleurs question de la ligne transversale ;

Qu'en présence de cet état de choses, la ville de Pithiviers voit lui échapper les justes espérances qu'elle avait conçues en appuyant le double projet qui devait lui faire obtenir la ligne transversale de Chartres à Moret, dont il n'est plus question, et qui seule cependant était susceptible de concilier tous les intérêts ;

Qu'aujourd'hui donc, la ville de Pithiviers et même l'arrondissement dans sa partie la plus riche, soit en population, soit en produits, se verraient très-sérieusement et injustement lésés dans leurs intérêts, si la haute administration, reconnaissant le bien-fondé de nos respectueuses réclamations, ne prescrivait dans sa justice une direction qui, possible désormais, serait de nature à donner satisfaction à notre chef-lieu d'arrondissement, tout en favorisant d'une manière notable les intérêts de la compagnie ;

Qu'en effet si par les précédentes délibérations et pétitions émanant tant du Conseil Municipal de Pithiviers que d'un grand nombre d'autres communes de l'arrondissement (ces délibérations en dates des 8 novembre 1852, 3 mai, 11 mai, 9 nevembre et 18 décembre 1853), en acceptant la ligne de Nevers par la vallée de l'Essonne, avec droite direction sur Montargis et sous la condition formelle néanmoins de l'exécution d'une ligne transversale, ce n'était que par esprit de conciliation et pour laisser à peu près à égale distance de la ligne principale les deux villes intéressées (Pithiviers et Nemours).

Qu'aujourd'hui, en présence de l'embranchement spécial accordé à la vallée du Loing, les motifs de justice qui avaient déterminé le Conseil Municipal de Pithiviers à renoncer à une ligne directe sur Paris, se reproduisent au contraire pour réclamer avec une puissance de raison évidente pour tous, en faveur de la partie la plus considérable du Gâtinais, le même avantage que celui accordé à la vallée du Loing ; c'est-à-dire, que la section devant partir de Corbeil par la vallée de l'Essonne pour Montargis se dirige en droite ligne sur Pithiviers, pour ensuite arriver à Montargis en traversant le canton de Beaune-la-Rolande ;

Que de cette manière la ville de Pithiviers, qui n'a jamais cessé de demander à être directement mise en rapport avec Paris, ainsi qu'il est exposé ci-dessus, obtiendrait non-seulement cette intéressante et juste satisfaction, mais en outre celle d'être en relation directe avec la partie sud du Gâtinais et les deux autres arrondissements du Loiret (Montargis et Gien) ; qu'il doit suffire d'indiquer un pareil tracé pour qu'il reçoive l'approbation générale, car il est essentiellement lié à l'intérêt public ;

Qu'à la vérité il conduit à un circuit plus long de cinq kilomètres, mais que du moment où les quelques kilomètres en plus n'affectent en rien le trafic général de Paris avec les régions du centre desservies par l'embranchement de Moret sur Montargis, il importe que l'autre embranchement de Corbeil sur Montargis ait surtout pour but de desservir le commerce local et de le mettre en rapport avec le plus grand nombre possible de centres commerciaux, administratifs et judiciaires qui se trouvent dans son périmètre ;

Qu'à ce titre on ne saurait nier l'importance de Pithiviers et des principales communes environnantes, de même que l'avantage sus signalé de mettre en relation directe les trois chefs-lieux d'arrondissement du département du Loiret ; que dès-lors il paraît urgent de consulter le Conseil Municipal pour savoir quel parti l'on doit prendre dans cette grave circonstance.

LE CONSEIL MUNICIPAL,

Considérant que tout ce qui vient d'être exposé par M. le Maire est conforme à la vérité ;

Que l'intérêt public aussi bien que la justice ne permettent pas de refuser à la ville de Pithiviers ce que dès l'année 1839 une loi lui avait accordé ;

Que si à tort l'ancien système, cédant à de fâcheuses influences, a laissé la loi inexécutée au préjudice de l'arrondissement de Pithiviers, il appartient au gouvernement de l'Empereur, si plein de sollicitude pour toutes les contrées paisibles, de restituer à celles du Gâtinais ce dont elles ont été si malheureusement spoliées ;

Considérant qu'en accomplissant ce nouvel acte de justice, on procurera en outre aux compagnies chargées de l'exécution des avantages importants, sans cependant nuire en quoi que ce soit au trafic général de Paris avec les régions du centre, celles-ci étant desservies par l'embranchement de Moret à Montargis, qui en aucun cas ne pourrait profiter du trafic provenant de la partie du Gâtinais, objet des présentes ;

Considérant enfin qu'en accueillant ce qui est à si bon droit proposé par M. le Maire, on réunit encore à tous les avantages qui viennent d'être signalés celui non moins précieux de relier entre eux les trois chefs-lieux d'arrondissements administratifs, judiciaires et commerciaux du Loiret ; et que dès-lors, en présence des nouveaux documents mis sous les yeux du Conseil par son Président, il n'y a pas un seul instant à perdre pour faire connaître à la haute administration toutes ces considérations péremptoires ;

Est, à l'unanimité, d'avis que M. le Maire et ceux de Messieurs les membres du Conseil qui seraient disposés à se joindre à lui se rendent à Paris pour solliciter, tant de M. le Ministre des travaux publics que de M. le Directeur général des chemins de fer, une audience, laquelle aurait pour but de déposer entre leurs mains copie entière de la présente délibération et de supplier ces hauts fonctionnaires de vouloir bien, par tous les motifs qui y sont consignés, faire ordonner que l'embranchement à exécuter de Corbeil à Montargis par la vallée de l'Essonne se dirige en droite ligne sur Pithiviers, pour de là arriver à Montargis, en se rapprochant le plus possible de la partie sud-est du Gâtinais, donnant au surplus mission à M. le Maire de faire, dans cette circonstance, au nom du Conseil Municipal, toutes les démarches qu'il jugera convenables pour arriver à une prompte réalisation du tracé dont il s'agit.

Délibéré en séance le six février mil huit cent cinquante-cinq.

Etaient présents : MM. Defiennes, maire, président ; Ganard, premier adjoint ; Périer ; Hervé ; Popelin-Mercier ; Fascon ; Barreau ; Lejeune père ; Veron ; Sarradin ; Devaux ; Lemaire ; Billard ; Masson-Dramard ; Lanson ; Jalouzet, second adjoint, et Pasquier.

AUTRE DÉLIBÉRATION DU MÊME CONSEIL.

Séance du 12 Mars 1855.

Le Maire rappelle au Conseil Municipal la démarche officiellement faite le 18 février dernier, conformément à sa délibération du six du même mois, au ministère des travaux publics, relativement au projet de chemin de fer entre Corbeil et Montargis.

Il ajoute que par suite du désir exprimé par Monsieur le Ministre d'être renseigné d'une manière complète sur les avantages devant résulter pour l'intérêt général et celui des compagnies du tracé indiqué, et sollicité par la ville de Pithiviers, il a cru devoir accepter l'offre à lui spontanément faite par M. Bridou (ayant déjà accompagné la députation au ministère) de s'occuper de ce travail ;

Qu'à cet effet il lui a remis tous les documents dont il était nanti, et donné toutes les explications jugées nécessaires pour le mettre en position, aidé des renseignements que lui, M. Bridou, avait recueillis près des négociants et des industriels du pays, d'établir d'une manière certaine le travail demandé par Monsieur le Ministre ;

Que la tâche dont il s'agit paraît avoir été remplie par M. Bridou de la manière la plus complètement satisfaisante, ainsi que chacun peut s'en convaincre ci-après par la lecture de son remarquable rapport et par l'examen de son plan ;

Qu'il importerait donc qu'une copie du tout fût transmise, avec celle de la présente délibération, non-seulement à M. le Ministre des travaux publics et à M. le Directeur général des chemins de fer, mais aussi aux compagnies intéressées et à toutes les personnes susceptibles d'être consultées par la haute administration ;

Que dans cette position le parti le plus simple à suivre serait de voter les fonds nécessaires pour faire imprimer le tout au nombre de deux cents exemplaires, si le Conseil Municipal reconnaît, à l'exemple de son Président, l'utilité de cette mesure ;

Sur quoi, LE CONSEIL,

Considérant que la délibération du 6 février contient l'exposé de l'ensemble des justes motifs qui doit faire obtenir à l'arrondissement de Pithiviers la direction qu'il sollicite;

Considérant que le travail qui vient d'être fait par M. Bridou repose sur des documents dignes de foi, et qu'il est de nature à démontrer, jusqu'à la dernière évidence, à l'autorité supérieure comme aux compagnies intéressées, le bien-fondé des prétentions élevées par la ville de Pithiviers, EST D'AVIS que ce travail, précédé de la délibération dudit jour six février et de la présente, soit livré à l'impression pour être tiré au nombre de deux cents exemplaires, et ensuite remis par l'administration municipale partout où besoin sera, et notamment au Ministère des travaux publics, à la Préfecture du Loiret, à la Sous-Préfecture de l'arrondissement, ainsi qu'à MM. les directeurs et administrateurs des trois compagnies réunies,

En conséquence, le Conseil vote les fonds nécessaires pour faire face à cette dépense, et prie M. le Maire d'exprimer à M. Bridou ses remercîments pour les soins intelligents qu'il a mis dans l'accomplissement de la tâche dont il s'est spontanément chargé, non-seulement dans l'intérêt de la ville de Pithiviers, mais encore dans l'intérêt général.

Délibéré, etc., etc.

MÉMOIRE

SUR LE

CHEMIN DE FER DE PARIS A NEVERS.

———◦———

EMBRANCHEMENT

PAR LA VALLÉE DE L'ESSONNE

ET PAR LA

VILLE DE PITHIVIERS.

———

PAR ACHILLE BRIDOU, GÉOMÈTRE-EXPERT, A PITHIVIERS.

———

MÉMOIRE

SUR LE

CHEMIN DE FER DE PARIS A NEVERS.

EMBRANCHEMENT

PAR LA VALLÉE DE L'ESSONNE

ET PAR LA VILLE DE PITHIVIERS.

CHAPITRE PREMIER.

1° CONSIDÉRATIONS GÉNÉRALES ET NATURE DE LA LIGNE.

Le chemin de fer de Paris à Nevers aura deux entrées dans Paris.

La première, par le chemin de Lyon, partira de Fontainebleau ou Moret et suivra la vallée du Loing, en passant par Nemours et Ferrières, jusqu'à Montargis.

La deuxième, par le chemin de fer d'Orléans, partira de Corbeil, suivra la vallée de l'Essonne par la Ferté-Aleps et Maisse, où cette vallée cesse d'avoir une importance réelle, et arrivera à Montargis, où les deux branches se bifurqueront, pour ne plus former qu'une seule et même ligne, après avoir touché la Beauce, desservi le fertile arrondissement de Pithiviers et la plus riche partie du Gâtinais.

2° LA BRANCHE PAR LA VALLÉE DU LOING. — LIGNE PRINCIPALE.

La première de ces deux branches sera plus courte que la seconde d'environ quinze ou vingt kilomètres ; d'où suit évidemment qu'elle sera la ligne la plus directe et la principale pour le commerce et les voyageurs du centre.

3° LA BRANCHE PAR LE GATINAIS ET L'ESSONNE. — LIGNE D'INTÉRÊT LOCAL.

La seconde branche, par le Gâtinais et la vallée de l'Essonne, est donc essentiellement une ligne d'intérêt local, c'est-à-dire appelée à desservir uniquement la zône des pays qu'elle parcourra.

En effet, déjà suffisamment riche des nombreux éléments de trafic qu'elle trouvera dans les pays auxquels elle fournira de nouveaux moyens de féconder les sources vives qu'ils renferment, cette ligne n'aura pas à trouver ses raisons d'être dans les pays éloignés, mais seulement dans ceux qu'elle desservira.

4° PAS D'OBJECTION POSSIBLE CONTRE SA DÉVIATION DE LA LIGNE DROITE.

Appelée à desservir tout particulièrement la partie Ouest du Gâtinais et la vallée de l'Essonne, aucune objection sérieuse ne saurait être tirée de la déviation de la ligne droite à laquelle on sera forcé de soumettre la voie de fer pour l'approcher de Pithiviers, puisque cette voie ne donnera passage et ne servira de transit, au commerce et aux voyageurs étrangers, qu'autant qu'ils auront volontairement renoncé au parcours de la ligne directe.

CHAPITRE II.

Du trafic et des éléments de richesse que procurera le passage par Pithiviers.

1° COUP D'OEIL GÉNÉRAL SUR LES ÉLÉMENTS DU TRAFIC.

En se dirigeant de Montargis sur Pithiviers, la voie rapprochera les houilles de l'Allier, les mouches et les miels du Bourbonnais, du Berry, de la Nièvre, et les vins du Gâtinais de la Beauce-Chartraine et de la Normandie, où ils trouveront un facile écoulement en retour des bestiaux et autres produits de ces derniers pays.

Elle facilitera et rendra très-avantageux, dans un avenir peut-être peu éloigné, la combinaison d'une nouvelle ligne transversale de Chartres à Nemours qui aurait l'inappréciable avantage de relier, à Montereau, les chemins de Lyon, de Mulhouse et de Strasbourg, avec tous ceux du Centre, de la Bretagne et de l'Ouest, indépendamment des autres avantages qui sont tout particulièrement signalés au paragraphe 3 du chapitre IV ci-après.

Il ne nous appartient pas de nous livrer à des appréciations et à des calculs de produits chiffrés, mais nous pouvons indiquer les différents éléments de trafic que la richesse du pays assurera à la voie de fer ; tous ces éléments ont été puisés, pour le plus grand nombre, dans des documents officiels que nous prendrons le soin d'indiquer, afin que chacun puisse les contrôler.

Produits de l'Agriculture.

2° GRAINS.

Le registre des mercuriales constate que 75,000 hectolitres de blés et autres grains, sont exposés chaque année sur le marché de Pithiviers, qui prend chaque jour un accroissement considérable.

Tout le monde sait qu'il est vendu sur échantillons et livré, sans avoir paru sur le marché public, un nombre d'hectolitres beaucoup plus considérable encore.

Les travaux des commissions de statistique cantonales, dont nous avons en ce moment les procès-verbaux sous les yeux, constatent qu'il est récolté dans l'arrondissement de Pithiviers 1,043,403 hectolitres de blés et autres grains *(le seul canton de Pithiviers, 228,970 hectolitres)*, et que, sur cette production, il est consommé 659,362 hectolitres dans l'arrondissement; d'où suit qu'il reste libre, pour le commerce d'exportation, le chiffre important de 384,041 hectolitres, lequel atteste très-victorieusement la fertilité et la richesse du pays.

3° BLÉS DE SAUMUR POUR SEMENCES.

Les fermiers de la Beauce et de tous les environs de Pithiviers font venir chaque année, pour leurs semences, environ 15,000 hectolitres de blés de Saumur (Maine-et-Loire).

Avec la facilité des transports, résultant des chemins de fer, cette importation prendra de plus grandes proportions.

4° BESTIAUX.

Les mêmes procès-verbaux des commissions de statistique constatent qu'il existe dans l'arrondissement 6,666 chevaux, 21,771 taureaux et vaches, avec un nombre très-considérable de veaux, porcs, moutons et autres animaux domestiques.

5° VINS.

Il est encore constaté, par ces procès-verbaux, qu'il est récolté dans l'arrondissement 185,992 hectolitres de vins rouges et blancs *(dont 40.689 hect. dans le canton ds Pithiviers)*, excédant, année moyenne, les besoins de la consommation locale, outre la production des communes limitrophes, et qui alimenteront également le chemin de fer.

6° SAFRAN.

Vingt mille kilos de safran, d'une valeur d'un million et demi, sont récoltés dans l'arrondissement et livrés chaque année au commerce de l'Allemagne, par celui de la ville de Pithiviers.

7° LAINES.

Les procès-verbaux de statistique constatent que 116,407 moutons, dans l'arrondissement, produisent annuellement au commerce 352,647 kilos de laines.

Quatre négociants de la ville achètent, tant dans l'arrondissement et ses environs que dans le Berry, les environs de Montargis et de Gien, 655,000 kilos de laines, dont 205,000 seraient susceptibles de leur être livrés par le chemin de Nevers. Ces laines sont revendues au commerce de Paris et des environs d'Elbeuf.

8° TANNERIE, PEAUX, CLOUTERIE-CRÉPIN.

Environ 145,000 kilos de peaux sont achetés pour 1/4 dans les environs de Gien et Montargis, et les 3 autres quarts dans l'arrondissement de Pithiviers; elles sont ensuite livrées au commerce d'Etampes, Chartres et Paris.

Environ 45,000 kilos [...] cuir à empeigne et cordonnerie-crépin, sont importés [...] de Paris.

| | l'exportation. . . . . | 108,750 kilos |
| Soit pour | l'importation. . . . . | 81,250   » |

9° NOIX ET POMMES DE TERRE.

Il est livré chaque année, sur les produits de l'arrondissement, aux marchands de Paris, environ 5,400 hectolitres de pommes de terre et 450 hectolitres de noix, offrant un poids total d'environ 409,000 kilos.

10° FRUITS ET ASPERGES.

Il est également livré chaque année, aux mêmes marchands, en moyenne, 28,500 paniers de fruits récoltés sur les bords de la forêt à Vrigny, Chambon et Chilleurs, lesquels peuvent peser, en moyenne, 17 kilos, soit, au total, 500,000 kilos.

Commerce et Industrie.

11° VOYAGEURS.

Il résulte des portatifs de la régie que, dans l'état de choses actuel, 125 voyageurs partent journellement de Pithiviers, et donnent lieu à une dépense de 70,000 francs, pour la circulation de Pithiviers à Orléans et à Etampes seulement, outre le trafic intermédiaire de la ligne qui se développera dans des proportions considérables. *(Peut être évalué, y compris les bagages, à 120,000 francs.)*

12° VEAUX GRAS.

Environ 9,500 veaux gras sont conduits à Sceaux et à Paris par les bouchers et par les fermiers, qui ramènent annuellement 3,000 veaux maigres qui sont engraissés dans la Beauce et le Gâtinais, pour faire ensuite retour sur Paris; ce qui, à 2 francs par tête, donne lieu à un trafic d'environ 25,000 francs, pour le seul canton de Pithiviers. *(Exportation : 1,140,000 kilos, 10,000 fr.; importation : 170,000 kilos, 6,000 fr.)*

13° MOUTONS GRAS.

Environ 4,500 moutons reçoivent la même destination, sur Paris: soit, à 2 francs par tête, environ 9,000 fr. Il est acheté par les marchands de Pithiviers, environ 20,000 moutons dans le Berry, d'où ils sont conduits, en partie par le chemin de fer du Centre jusqu'à Orléans, et en partie à pied jusqu'à Pithiviers : soit, un commerce d'exportation d'environ 170,000 kilos, et d'importation d'environ 680,000 kilos.

14° ŒUFS, BEURRE, VOLAILLES ET GIBIER.

Huit beurriers et marchands de volailles, de Pithiviers et des communes voisines, conduisent chacun 2,830 kilos de leurs marchandises qu'ils enlèvent, chaque semaine, du marché de Pithiviers, pour la consommation de Paris : soit, pour l'année environ 1,176,800 kilos, à 25 fr. les 1,000 kilos ; ce qui fait un trafic total d'environ 29,420 fr. par année.

Le plus grand nombre de ces mêmes beurriers fait un second voyage à Paris pour le transport des mêmes marchandises dont ils ont opéré les chargements dans les marchés voisins ; ce second transport peut être évalué à environ 720,000 kilos, donnant lieu à un nouveau trafic de 18,200 fr.

Onze autres beurriers et marchands de volailles des environs et hors de l'arrondissement de Pithiviers, enlèvent également, chaque semaine, des chargements considérables que l'on peut évaluer à 950,000 kilos, donnant encore un trafic d'environ 25,000 fr. *(Total général : 2,846,800 kilos, 72,620 fr.)*

15° DINDES ET OIES GRASSES.

Environ 12,000 douzaines de dindes et oies sont conduites chaque année à Paris. Elles ont été tirées maigres des environs de Châteauroux, Issoudun, Vatan, etc., etc., (Indre) et des environs de Bourges, Gien, Sully-sur-Loire, etc., etc. Elles sont engraissées par les cultivateurs de la Beauce et livrées ensuite au commerce de Paris, tant pour la consommation de cette capitale que pour l'exportation en Angleterre. Ce qui donne lieu à une importation d'environ 350,000 kilos, et ensuite à une exportation d'environ 400,000 kilos.

16° DRAPERIES, ROUENNERIES, ÉPICERIES, QUINCAILLERIE, FERS, MARBRERIES, MEUBLES, LIBRAIRIES, PAPETERIES ET JOAILLERIES.

Les dix-neuf beurriers et marchands de volailles indiqués au paragraphe 14 ci-dessus, à leur retour de Paris, font la messagerie pour le commerce de Pithiviers et les environs. Cette messagerie est d'environ les deux tiers de ce qu'ils conduisent sur Paris : soit, 1,895,000 kilos, donnant lieu à un trafic d'importation d'environ 48,000 fr.

2

17° PATÉS D'ALOUETTES ET GATEAUX D'AMANDES.

Il est expédié chaque année environ 22,000 paniers pesant brut en moyenne 8 kilos : soit, 176,800 kilos.

18° MARÉES FRAICHES ET SALÉES.

Il arrive annuellement à Pithiviers, pour la consommation de la ville et des communes voisines, environ 1,100 barils de marées fraîches et salées pesant 45 kilos : soit, au total, 49,500 kilos.

19° MOUCHES, CIRES ET MIELS.

Vingt-huit marchands et fabricants de miels font venir, dans l'état de choses actuel, tant par le chemin de fer que par voitures, du Bourbonnais, du Berry, de la Bourgogne et du Nivernais, environ 5,500 paniers de mouches, pesant environ 20 kilos : soit, au total, 109,000 kilos. *(Sept marchands de Pithiviers sont compris dans ce chiffre pour 49 mille kilos.)*

Ils fabriquent, achètent et livrent ensuite au commerce de Paris environ 3,270 barils de miels pesant 42 kilos brut : soit, au total, 137,200 kilos, dont 62 mille par les marchands de la ville.

20° ALCOOLS, EAUX-DE-VIE, LIQUEURS ET VINAIGRES.

Dix négociants, fabricant d'eaux-de-vie et vinaigre, de Pithiviers et des communes du canton, reçoivent et expédient annuellement 69,000 hectolitres de vinaigres, spiritueux et alcools, outre les vins expédiés tant par eux que par les commissionnaires et directement par les propriétaires du Gâtinais, au commerce de la Beauce et de Paris.

21° TONNEAUX VIDES, CERCLES ET TREILLAGES.

Dix négociants de Pithiviers et ceux des bourgs voisins, reçoivent annuellement 60,000 tonneaux vides de Paris, pesant environ 1,300,000 kilos.

Ces mêmes négociants reçoivent encore 35,000 bottes de cercles, treillages et palissades, pesant 12 kilos : soit, un poids total d'environ 420,000 kilos.

22° HOUILLES, CHARBONS DE TERRE.

Les maréchaux, serruriers et autres forgerons de l'arrondissement de Pithiviers, consomment chacun environ 20 pièces de charbons de forges, pesant 200 kilos : soit, un produit total d'environ 790,000 kilos. Quatre machines à vapeur *(trois sont en construction)*, différents fourneaux et calorifères administratifs et particuliers, consomment environ 410,000 kilos de charbons et coke. *(La consommation de ce produit augmentera sensiblement à Pithiviers, où l'industrie tend de plus en plus à utiliser la vapeur, lorsqu'un chemin de fer aura rendu l'approvisionnement des houilles plus facile et moins coûteux.)*

23° CHARBONS DE BOIS.

Plus de 75,000 sacs de charbons de bois sont tirés annuellement de la forêt d'Orléans et livrés à la consommation des environs de Pithiviers, Etampes et Milly (outre ceux en bien plus grand nombre qui sont dirigés sur Paris par la navigation) : soit, un poids total d'environ 2,200,000 kilos, dont les 2/3 à l'exportation.

Matériaux propres à la construction.

24° PLATRE.

Plus de 15,000,000 kilos de plâtre sont amenés chaque année à Pithiviers et les pays voisins, par voitures d'Etampes et de Paris : soit, à 5 fr. les 1,000 kilos *(d'Etampes seulement)*, un trafic d'environ 75,000 fr.

(Privés de chemins de fer, les fermiers des environs de Pithiviers envoient leurs blés à Etampes par voitures qui ramènent du plâtre. Avec la voie de fer, cessera le plus grand nombre de l'un et l'autre de ces transports.)

25° ARDOISES.

Il est employé, dans l'arrondissement de Pithiviers, plus de 3,000,000 d'ardoises venant d'Angers ; leur transport coûte d'Orléans à Pithiviers et les environs, par voitures, 3 fr. 75 le 1,000 : soit, un trafic total d'importation de 11,250 fr. (1,000 *ardoises pèsent* 650 *kilos, total* 1,950,000).

26° CARREAUX

Il est employé environ : 1° 300,000 carreaux de Mienne, pris à Orléans, tant par les marchands que par les propriétaires directement ; 2° 150,000 carreaux de Massy (près de Paris) ; 3° et 40,000 carreaux de Chartres, pour le carrelage des appartements. (Le transport coûte 6 fr. les 1,000 carreaux ; mille carreaux pèsent 1,250 kilos : soit, un poids total de 612,500 kilos.)

27° VERRES A VITRES, BLANC DE CÉRUSE,

Et couleurs venant de Lille (Nord), par Paris.

Il est livré aux marchands de la ville, environ 400 caisses de verres *(pesant 150 kilos la caisse)*, et environ 15,000 kilos de blanc de céruse et autres couleurs : soit, un produit total d'importation d'environ 75,000 kilos.

28° IMPORTATION DES GRÈS, CAILLOUX ET SABLES DE LA VALLÉE DE L'ESSONNE ET DES ENVIRONS DE MALESHERBES, AINSI QUE DU SILEX DE MONTARGIS.

L'administration des ponts-et-chaussées, tire environ 6,000 pavés chaque année des carrières d'Aschères et de la vallée de l'Essonne, pour l'entretien de ses routes dans la seule traversée de Pithiviers : soit, un poids total d'importation de 192,000 kilos.

La même administration tire de la même vallée, pour l'entretien de ses routes dans le rayon de Pithiviers, environ 1,200 mètres cubes de cailloux blanc (un mètre pèse 1,800 kilos) : soit, au total, 2,160,000 kilos.

Le prix de transport est d'environ 0 fr. 35 c. par mètre cube et par kilomètre.

L'administration des chemins vicinaux emploie environ la même quantité de cailloux, pour l'entretien de ses routes dans le rayon de Pithiviers : soit, un nouveau trafic d'importation d'environ 2,160,000 kilos.

Ces administrations tireraient également, de la vallée de l'Essonne et les environs de Malesherbes, des quantités considérables de sable, dont le centre de l'arrondissement de Pithiviers est complétement privé. Il en serait certainement de même pour le silex, des environs de Montargis, qui est employé pour l'entretien des routes dans la partie orientale de l'arrondissement *(évalué à 3,000,000 kilos)*.

Enfin, avec le chemin de fer reliant Pithiviers à la vallée de l'Essonne et à Montargis, les administrations des ponts-et-chaussées et des chemins vicinaux trouveraient nécessairement des conditions meilleures pour le transport de ces matériaux, et elles en emploieraient des quantités beaucoup plus considérables.

29° PLANCHES DE SAPIN, CHÊNE, BOIS BLANC ET LATTES.

Il est tiré d'Etampes, Milly et Malesherbes, environ 30,000 toises de planches bois blanc, pesant environ 3 kilos : soit, au total 90,000 kilos. . . . . 90,000 kilos.

Il est tiré d'Orléans, savoir :

1° 7,500 planches de sapin, pesant environ. . . . . 93,750 »

2° 5,500 planches de chène. . . . . 80,000 »

3° 15,000 bottes de lattes, pesant environ 18 kilos, soit au total. . . . 270,000 »

Soit au total un commerce d'importation d'environ. . . . 533,750 kilos.

30° MESSAGERIE D'ORLÉANS A PITHIVIERS.

La grosse messagerie spéciale au commerce de l'arrondissement et des communes voisines avec Orléans, en articles d'épiceries *(sels, savons, suifs, huiles, riz, etc., etc.)*, fers, sons, farines, s'opère par voitures, et peut-être évaluée à 1,250,000 kilos : soit, à 15 fr. les 1,000 kilos, un trafic annuel d'environ 18,750 fr. d'Orléans à Pithiviers.

CHAPITRE III.

Des éléments nouveaux qui résulteront de la construction du chemin de fer par Pithiviers.

Tous les éléments de trafic, qui viennent d'être signalés, existent dans l'état de choses actuel : un chemin de fer donnera des débouchés et permettra l'exportation aussi bien que l'importation des produits nouveaux que nous allons signaler sommairement.

1° BOIS ET CHARBONS DE LA FORÊT D'ORLÉANS.

Les bois et charbons de la forêt d'Orléans s'exploitent aujourd'hui en faveur de la capitale, par deux moyens : 1° La partie Est, par la navigation des canaux de Briare, du Loing et de la Seine ; 2° La partie Ouest, par le chemin d'Orléans à Paris.

Tout le Centre, c'est-à-dire la partie la plus considérable de cette forêt, comprise entre Neuville-aux-Bois, Chilleurs, Courcy, Vrigny, Chemault et Nibelle, est privée des moyens de transport sur Paris, quoique contenant les plus beaux et les meilleurs bois.

Avec le chemin de Montargis à Corbeil, *par Pithiviers,* cette lacune disparaît.

Les environs de Nibelle, Boiscommun, Chambon et Nancray, pourront prendre le chemin de fer par la route qui arrive à Reigneville *(Yèvre-la-Ville et Montberneaume, ferme-école)* ; les environs de Vrigny et Courcy, à Pithiviers, par la route de Jargeau.

Enfin les environs de Neuville et Chilleurs-aux-Bois pourront prendre le chemin de fer, par les routes qui aboutissent à Pithiviers, où la voie sera placée dans d'excellentes conditions pour l'exploitation générale de la forêt d'Orléans.

2° EXPLOITATION DES ÉTANGS.

Les étangs compris dans le centre de la forêt trouveront également à Pithiviers les moyens de faciliter la consommation de leurs poissons.

3° CARRIÈRES DE PIERRES A CHAUX ET A BATIR.

Il existe sur Pithiviers, Dadonville, Rougemont et les environs, des bancs de pierres qui permettraient d'obtenir la meilleure chaux, et qui sont, dans tous les cas, excellents pour la construction.

Une voie de fer favoriserait l'établissement d'industries nouvelles pour utiliser ces gisements d'excellentes pierres calcaires.

4° OSIERS, VANNERIES.

De nombreuses oseraies plantées sur les bords de la forêt et dans certaines parties de la vallée de l'OEuf *(la haute Essonne)*, fourniront un aliment considérable à la vannerie parisienne ; ce qui tournera à l'avantage commun du producteur et de l'industriel.

CHAPITRE IV.

De l'utilité du passage par Pithiviers.

1° CETTE LIGNE DONNE SATISFACTION A MALESHERBES, PUISEAUX ET A TOUS LES PRINCIPAUX PAYS DU GATINAIS.

En passant à Pithiviers, après avoir quitté la vallée de l'Essonne à Boigneville, par les petites vallées de Prinvault et du Tréau, le chemin de fer partagera, par portions à peu près égales, la zône comprise entre les lignes de Paris à Lyon et de Paris à Orléans, en même temps qu'il donnera une satisfaction complète à la ville de Malesherbes par la station de son nom, sur la route d'Etampes, à deux kilomètres et demi à l'ouest du centre de Malesherbes.

Puiseaux arrivera, à cette même station, par l'excellente route du Berry, et aura d'autant moins à se plaindre d'un tel état de choses, que ses voyageurs ne feront pas de contre-marche, inutile à leur direction principale sur Paris, en franchissant les quatorze kilomètres qui les sépareront de cette station.

En même temps qu'il donnera satisfaction à Pithiviers, centre d'une population d'environ 5,000 âmes, le chemin de fer desservira également les riches communes des environs, telles que Manchecourt, Ramoulu, Marsainvilliers, Engerville, Guigneville, Pithiviers-le-Vieil, Escrennes, Laas, Mareau, Santeau, Chilleus-aux-Bois *(bourg de 1,682 habitants)*, Ascoux, Vrigny, Bouilly, Nancray, Yèvre, etc., etc., ainsi que les bourgs importants de Boynes (1,638 *habitants)*, Barville, Boiscommun, Batilly, Saint-Loup-des-Vignes, Nibelle, etc., etc., qui sont compris dans la zône des plus riches pays du Gâtinais.

Ce chemin offrira également l'avantage de relier entr'eux les trois chefs-lieux d'arrondissement du département ; ce qui n'aura pas moins d'importance au point de vue commercial qu'au point de vue administratif et judiciaire.

2° LE TRACÉ PAR PITHIVIERS SATISFAIT MIEUX LES USINES DE L'ESSONNE ET DE L'OEUF QUE CELUI PAR PUISEAUX.

Le tracé par Pithiviers arrive dans la vallée de l'Essonne à Boigneville ; celui par Puiseaux arrive dans cette vallée vers Augerville et Boulancourt : soit, environ 8 ou 9 kilomètres plus tôt que le premier.

Les usines, au nombre de cinq ou six, qui sont comprises entre Augerville et Nanteau, ne peuvent toutes être desservies, par l'un comme par l'autre tracé, que par la seule station de Malesherbes, puisque le chemin de fer ne pourrait s'arrêter à chacune d'elles.

Le tracé que nous appuyons aura donc, sur celui de Puiseaux, le précieux avantage de desservir tout à la fois les usines de l'Essonne (comprises entre Augerville et Nanteau), et, par l'importante gare de Pithiviers, les seize usines qui existent sur la rivière de l'OEuf, entre Pithiviers-le-Vieil et Aulnay-la-Rivière ; tandis que le tracé, par le côté Est de l'Essonne, abandonnerait complètement ces dernières.

D'où suit, évidemment, que le chemin de fer, étant dirigé sur Pithiviers, satisfera bien mieux la force motrice et toutes les usines qui existent sur l'Essonne et sur l'OEuf, que s'il était dirigé par Puiseaux et le côté Est de Malesherbes.

3° UTILITÉ DU TRACÉ PAR PITHIVIERS, AU POINT DE VUE D'UN CHEMIN DE FER PROBABLE DE CHARTRES A NEMOURS.

Déjà la construction d'une ligne de Chartres à Moret a été vivement sollicitée pour passer par Toury, Pithiviers, Puiseaux et Nemours. Cette ligne s'harmonierait parfaitement avec celle de Corbeil à Montargis par Pithiviers, où la jonction s'opérerait dans les meilleures conditions d'intérêt général, au moyen d'un vaste embarcadère qui pourrait être construit à l'ouest de la ville, pour y être commun aux deux lignes.

Il est inutile de faire ressortir tous les nombreux éléments de trafic qui enrichiraient la combinaison de ces deux lignes : déjà ils ont été en partie constatés devant les commissions d'enquêtes qui ont eu lieu dans les départements du Loiret et d'Eure-et-Loir ; mais nous nous attacherons cependant à faire ressortir un seul point qui n'a peut-être pas suffisamment fixé l'attention.

Il s'agit du transport des bestiaux nécessaires à la riche culture des environs de Pithiviers et à celle de l'arrondissement de Fontainebleau, que le chemin de fer de Chartres à Moret, outre son importance stratégique et commerciale, aurait pour effet de favoriser considérablement.

Nous nous occuperons seulement du canton de Pithiviers et ses environs, où nos connaissances spéciales nous ont permis de recueillir des données certaines.

Ces différents marchands achètent annuellement, de la Bretagne et de la Normandie, 15,800 vaches qu'ils sont forcés de faire passer par Pithiviers.

Quoique moins nombreux, le mouvement est à peu près le même pour les chevaux.

Différents marchands achètent, dans les environs de Saumur (Maine-et-Loire), et font également passer par Pithiviers, 22,500 porcs, chaque année.

Les bouchers et autres marchands font venir annuellement environ 25,000 moutons qu'ils
achètent dans les foires de la Sologne et du Berry.

Tous ces animaux sont livrés au commerce et à la culture des environs de Pithiviers, Nemours
et Montereau.

Ils sont amenés, en partie, jusqu'à Orléans par les chemins de fer et, à défaut de ceux-ci, jusqu'à Pithiviers, à pied ou en voitures, jusqu'aux localités à la culture et à la consommation des-
quelles ils ont été destinés.

Avec une voie de fer de Chartres, et notamment de Thoury à Pithiviers et Nemours, non-seulement ces bestiaux donneraient à ce chemin, un trafic considérable, mais encore ils assureraient
en faveur du chemin de fer d'Orléans, savoir : ceux déjà venus en partie par chemin de fer, un
prolongement de parcours d'Orléans à Thoury, et ceux amenés par terre, un nouveau parcours du
lieu où ils sont élevés jusqu'à cette même station de Thoury.

La même observation s'applique aux blés de Saumur, aux carreaux, aux ardoises, et à un
grand nombre des objets mentionnés aux différents paragraphes du chapitre II ci-devant.

Enfin le chemin de Chartres serait encore d'un grand intérêt pour le marché d'Etampes, centre,
aussi bien que Pithiviers, d'un commerce agricole considérable qu'il est important de favoriser
en facilitant le plus possible les relations et les moyens de transport entre Pithiviers et Etampes,
sous peine, pour ce dernier pays, de voir diriger, sur un autre point, un grand nombre des produits dont il a toujours été le centre.

CHAPITRE V.

**1° D'UN PROJET DE TRACÉ PAR AULNAY-LA-RIVIÈRE, COMME TERME MOYEN IMPOSSIBLE,
ENTRE PITHIVIERS ET PUISEAUX.**

On a parlé d'un projet attribué à MM. les ingénieurs du gouvernement, qui consisterait à diriger la ligne, de Malesherbes à Aulnay-la-Rivière, Beaune et Montargis, comme terme moyen à
adopter entre les villes de Pithiviers et de Puiseaux.

Ce tracé serait seulement 5 kilomètres plus court que celui par Pithiviers et Boigneville, et
aurait l'inconvénient de ne satisfaire ni Pithiviers ni Puiseaux.

**2° PAS DE COMPARAISON ENTRE L'IMPORTANCE DE PITHIVIERS ET CELLE DE PUISEAUX : PAR
SUITE, PAS DE TERME MOYEN.**

Puiseaux, ville de 1,984 habitants, sans commerce important, excepté celui de trois ou quatre
marchands de bestiaux, est généralement dépourvu d'environs populeux et fertiles.

Ce pays possède seulement, dans tout son canton, une population de 7,842 habitants, parmi
lesquels 397 marchands et artisans patentés. Le canton de Pithiviers offre, au contraire, 18,385
habitants et 1,055 négociants et autres industriels patentés. Aucune comparaison ne saurait donc
être établie entre Puiseaux et Pithiviers, chef-lieu d'arrondissement d'environ 5,000 âmes, au
centre d'un pays populeux et riche, et dont l'industrie et le commerce se développent chaque
jour d'avantage.

Pour qui connaît bien ces deux localités, ainsi que les richesses et les ressources de leurs environs, aucune comparaison n'est possible. Par conséquent, toute combinaison qui aurait pour
objet d'adopter un point de passage devant être un terme moyen entre ces deux pays, *serait inutile et manquerait complètement son but.*

3° LE PASSAGE PAR AULNAY INUTILE A PUISEAUX.

Ce tracé serait complètement inutile à Puiseaux, qui ne pourrait utiliser la station d'Aulnay-
la-Rivière, sans se livrer à une contre-marche qui éloignerait de la direction principale sur
Paris ; Puiseaux et ses environs prendraient donc le chemin de fer à Malesherbes, au moyen d'un
service d'omnibus qui desservirait jusqu'à Auxy, Beaumont et Boësse, et donnerait bien plus de
vie et de mouvement aux pays de Puiseaux et de Malesherbes, qu'un service sur Aulnay.

**4° LE TRACÉ PAR AULNAY ENLEVERAIT UNE PORTION NOTABLE DU TRAFIC ASSURÉ PAR
LE TRACÉ DE PITHIVIERS.**

Le passage par Aulnay-la-Rivière éloignerait et rendrait la voie de fer impossible à une population de 12,400 habitants, appartenant à 24 communes des plus éloignées au Sud, Sud-Ouest,
Ouest et Nord-Ouest de Pithiviers, qui n'est pas comprise dans ce chiffre, encore bien que l'exploitation du chemin de fer perdrait cependant le plus grand nombre des éléments de trafic qui
ont été énumérés aux chapitres précédents, et notamment la possibilité de pouvoir servir à l'exploitation de la partie centrale de la forêt d'Orléans.

CHAPITRE VI.

DIFFÉRENCE DE POPULATION ET DE LONGUEUR ENTRE LE TRACÉ PAR PITHIVIERS ET CELUI PAR PUISEAUX.

Dans la comparaison de ces deux tracés, nous considérerons La Ferté-Aleps comme un point de passage indispensable, et nous ne nous occuperons, en conséquence, que du parcours intermédiaire entre ce point et Montargis.

De Montargis à La Ferté-Aleps, par Bordeaux-les-Rouches, Beaumont, Puiseaux, Boulancourt, Buthiers, Nanteau-sur-Essonne et Boigneville, la distance est d'environ 73 kilomètres ; les communes et par suite les populations desservies dans un rayon de 10 à 15 kilomètres de chaque côté de ce tracé (mais en ne comprenant pas Montargis ni les communes qui sont à égale distance de la ligne directe de Paris à Nevers par la vallée du Loing) sont de 89 communes et de 48,143 habitants : soit, en moyenne, 659 habitants par kilomètre.

Passant par Ladon, Beaune, entre Barville et Givraines, Boynes, Yèvre-la-Ville, Pithiviers, Marsainvilliers, Ramoulu, Manchecourt, à 2 kilomètres à l'Ouest de Malesherbes, et enfin par Boigneville, la distance parcourue entre Montargis et la Ferté-Aleps est d'environ 81 kilomètres desservant, dans le rayon et les conditions sus-indiquées, 122 communes et 74,149 habitants : soit, en moyenne, 915 habitants par kilomètre.

2° RÉSUMÉ DE LA COMPARAISON DE CES DEUX TRACÉS.

Il suit des chiffres qui précèdent, qu'un excédant de parcours d'environ 8 ou 9 kilomètres, donne lieu à un excédant de 33 communes desservies et à un excédant de 26,006 habitants, c'est-à-dire d'environ 40 pour cent.

Que pourrait-on exposer de plus clair et de plus concluant ?

Cette grande différence s'explique très-facilement lorsque l'on remarque que l'excédant de parcours s'opère par un angle d'environ 100 degrés, dont le sommet est Pithiviers, au centre d'un pays riche et populeux et, en cela, tout différent de celui qui serait parcouru de Montargis à Sceaux, Bordeaux-les-Rouches, Boulancourt, Buthiers et Nanteau-sur-Essonne, pour arriver à Boigneville.

CHAPITRE VII.

1° NOUVELLE RAISON DE DÉCIDER QUE LE CHEMIN DE FER DOIT PASSER A PITHIVIERS,

TIRÉE DU MOTIF POUR LEQUEL LES HABITANTS DE MALESHERBES DEMANDENT QU'IL PASSE DANS LES MARAIS A L'EST DE L'ESSONNE.

Les habitants de Malesherbes demandent que le chemin de fer passe à l'Est, au-delà des marais de l'Essonne, par la raison qu'étant ainsi placé, ils jouiraient nécessairement des avantages attachés au passage des voyageurs et du commerce des riches environs de Pithiviers.

Passant au contraire à l'ouest de leur ville, fût-ce même en un point plus rapproché du centre et pouvant faciliter d'avantage les agrandissements du pays, ce tracé ne pourra satisfaire leur intérêt particulier aussi complètement qu'à l'est de l'Essonne, parce qu'il les privera du passage des voyageurs et du commerce de Pithiviers, et que les habitants de Malesherbes seront, *disent-ils eux-mêmes*, réduits au seul passage de ceux venant du côté Est de l'Essonne, c'est-à-dire de contrées presque stériles et inhabitées dans tout le rayon pouvant alimenter le trafic du chemin de fer ; ce rayon étant d'ailleurs très-restreint à cause du rapprochement de la ligne de Lyon passant à Fontainebleau.

Sans aucun doute, les habiles du pays ne donnent pas cette raison comme étant la seule ; on argumente de la ligne droite, d'un cours d'eau, pompeusement décoré du nom de rivière et d'une force motrice pouvant être utilisée, etc., etc. *(Ces objections sont complètement détruites par les paragraphes 4 du chapitre I et 2 du chapitre IV.)*

On exploite, pour les besoins du moment, le vaste champ des hypothèses, et on crée, par la pensée, des usines sans nombre qui n'ont d'autre défaut que celui d'être seulement imaginaires.

Mais la vérité, la *raison vraie*, ne peut longtemps rester cachée, et les uns en disent quelques mots, tandis que d'autres la disent toute entière.

Telle que nous l'avons donc expliquée, cette raison démontre que les intérêts particuliers à la ville de Malesherbes ont été bien compris ; mais comme elle contient aussi l'aveu, *disons plus, une preuve nouvelle et précieuse pour nous, que tous les éléments de richesse sont à l'Ouest et non à l'Est de Malesherbes*, les motifs secrets qui portent les habitants de cette ville à demander le tracé à l'Est de l'Essonne, doivent être retournés contre eux, puisque l'avantage qu'ils sollicitent ne pourrait leur être accordé qu'au prix de la désertion la plus complète et la moins justifiée, du double intérêt des compagnies et des localités qui possèdent seules les richesses capables de motiver la construction d'un chemin de fer.

A l'Est de l'Essonne, les pays sont très pauvres jusqu'à ce que l'on soit arrivé au rayon d'exploitation de la ligne de Lyon passant à Fontainebleau ; on pourra s'en convaincre en jetant les yeux tant sur la carte que sur le tableau des communes qui est joint à ce mémoire.

CHAPITRE VIII.

Résumé et Conclusions.

1° LE TRACÉ PAR PITHIVIERS, MOINS COUTEUX QUE PAR PUISEAUX, BOULANCOURT, BUTHIERS, NANTEAU-SUR-ESSONNE ET BOIGNEVILLE.

Nous ne saurions nous livrer à des études de dépenses exactes pour la construction d'un chemin de fer ; ce travail sort de nos attributions et rentre complètement dans celles du gouvernement ou des compagnies intéressées : toutefois, au moyen de la connaissance que nous avons des localités, nous pouvons affirmer que le tracé par Pithiviers pourra s'opérer sur un sol moins accidenté que celui du côté Est de l'Essonne, où l'on ne pourrait échapper aux dangers d'un marais peu solide qu'en faisant des dépenses considérables pour le solidifier ou pour former des passages dans des rochers et des blocs immenses de grès.

Si, pour éviter les uns et les autres de ces inconvénients, on se maintenait dans la vallée en suivant le pied des côteaux, on tomberait alors dans un écueil plus considérable encore, puisqu'il faudrait soumettre la voie à une multitude de courbes qui ralentiraient et rendraient la marche dangereuse, en même temps qu'elles allongeraient le parcours à ce point que, par cette double raison, il finirait par être plus long qu'en suivant le tracé que nous sollicitons par Pithiviers.

Nous pouvons donc assurer, sans craindre d'être sérieusement démenti, que ce tracé exigerait une dépense sensiblement moindre, pour chacun des kilomètres à construire, que celui par Nanteau-sur-Essonne, Buthiers, Boulancourt, Puiseaux et Bordeaux-les-Rouches, qui rencontrerait encore, sur ce dernier point, un marais considérable et très-dangereux qui nécessiterait, soit des courbes nouvelles. soit des travaux d'une importance incalculable.

Tableau présentant le résumé des produits à l'importation et à l'exportation.

PARAGR. du CHAP. II.	PRODUITS D'EXPORTATION ÉNUMÉRÉS AU CHAPITRE II.	POIDS EN KILOS.	PARAGRAPHE du CHAPITRE II.	PRODUITS D'IMPORTATION ÉNUMÉRÉS AU CHAPITRE II.	POIDS EN KILOS.
2	Grains	28.627.125	3	Blés de Saumur pour semences....	1.205.000
5	Vins rouges et blancs (fûts compris)	20.216.750	7	Laines	205.000
6	Safrans	20.000	8	Peaux	81.250
7	Laines	655.000	11	Voyageurs 1/2	«
8	Peaux	108.750	12	Veaux maigres	170.000
9	Noix et pommes de terre	409.000	13	Moutons	680.000
10	Fruits et asperges	500.000	15	Oies et dindes	350.000
11	Voyageurs 1/2	«	16	Draperies, rouenneries, épiceries...	1.895.000
12	Veaux gras	1.140.000	18	Marées fraiches et salées	49.500
13	Moutons gras	170.000	19	Mouches	109.000
14	2 voyages pour les beurriers	2.846.800	20	Alcools, eaux-de-vie et vinaigre....	6.850.000
15	Oies et dindes	400.000	21	Tonneaux vides, cercles et treillages.	1.720.000
17	Pâtés d'alouettes, gâteaux d'amandes.	176.800	22	Houilles et charbons de terre	1.200.000
19	Miels et cires	137.200	24	Plâtre	15.000.000
20	Alcools, eaux-de-vie, liqueurs, vinaigres (2/3 à l'exportation)	4.550.000	25	Ardoises	1.950.000
23	Charbons de bois	1.460.000	26	Carreaux	612.500
30	Messageries d'Orléans a Pithiviers 1/3	417.000	28	Pavés de grès et cailloux, sables et silex	7.320.000
			29	Planches et lattes	533.750
	ÉLÉMENTS NOUVEAUX.		30	Messageries d'Orléans à Pithiviers 2/3	835.000
			27	Verres à vitres et couleurs	75.000
1	CHAP. 8. Bois et charbons de la forêt	»			
2	» 8. Exploitation des étangs	»		ÉLÉMENTS NOUVEAUX.	
Ch. III 3	Exploitation de carrières et pierres à chaux	»	28	Grès, cailloux, sables et silex	«
» 2	Osiers, vannerie	»	24.25	Plâtre et ardoises etc. etc	«
	TOTAUX	61.834.425		TOTAUX	40.841.000

En prenant pour base des calculs, non les prix de transports actuels quelquefois indiqués dans ce mémoire, mais ceux du tableau statistique dressé par M. Mousset, ingénieur du gouvernement, pour le trafic du chemin de Corbeil à Nevers, dont la concession était demandée par la compagnie Darblay, Montalivet et autres, les éléments indiqués au tableau qui précède donneront, sans y comprendre les produits qui résulteront des éléments nouveaux indiqués audit tableau, un trafic total d'environ 397,955 fr.

Tels sont, en résumé, les éléments certains démontrant, jusqu'à la dernière évidence, les avantages importants et le succès infaillible devant nécessairement résulter de la deuxième branche du chemin de fer de Paris à Nevers, par le centre du Gâtinais et la vallée de l'Essonne, tant pour l'arrondissement de Pithiviers que pour les compagnies concessionnaires.

Les villes et les environs de Montargis, Gien, Nevers et tout le Centre, aussi bien que le Midi de la France, ont un intérêt réel à ce que le chemin de fer les rapproche le plus possible de Pithiviers et de la Beauce, afin de pouvoir plus facilement faire, avec la Normandie, les échanges réciproques de leurs produits.

Or, en présence de ces intérêts et des ressources nombreuses que nous avons signalées, nous avons la confiance que l'intérêt général sera mis d'accord avec celui des compagnies concessionnaires, et, qu'à partir de Corbeil, le chemin de fer suivra la vallée de l'Essonne par la Ferté-Aleps, jusqu'à Boigneville, pour se diriger de là, par les petites vallées de Prinvault et du Tréau, à deux kilomètres et demi à l'ouest de Malesherbes, sur les pays fertiles qui entourent Pithiviers, où une population et un commerce, de plus en plus actif et florissant, assureront à l'exploitation du chemin de fer des éléments de succès et de viabilité qui se continueront par la traversée de tous les plus riches pays du Gâtinais, au contraire de ce qui aurait certainement lieu par le passage dans les pays, relativement pauvres, de Nanteau, Buthiers, Boulancourt, Puiseaux et Bordeaux-les-Rouches, qui se trouvent sur le tracé rival de Pithiviers.

BRIDOU,
Géomètre-expert.

Pithiviers, le 1ᵉʳ mars 1855.

ANNEXES. — CHEMIN DE FER DE NEVERS.

Section de la Ferté-Aleps à Montargis (non compris).

PREMIER TABLEAU

Présentant le nombre des communes et des populations desservies par le tracé passant à Pithiviers,

RELEVÉ SUR L'ANNUAIRE DU LOIRET (1855) ET SUR LES CARTES DE L'ATLAS DES DÉPARTEMENTS.

Nos d'ordre	COMMUNES.	POPULATION.	NOMBRE de patentés.
	CANTON DE PITHIVIERS.		
1	Pithiviers.	4.158	481
2	Bondaroy.	292	5
3	Estouy.	550	31
4	Marsainvilliers.	325	11
5	Bouzonville-en-Beauce	144	5
6	Pithiviers-le-Vieil.	898	31
7	Ascoux	679	31
8	Dadonville.	727	20
9	Escrennes.	638	36
10	Laas.	353	9
11	Guigneville.	591	13
12	Sébouville.	256	8
13	Chilleurs.	1.682	74
14	Bouzonville-aux-Bois	444	14
15	Courcy.	591	21
16	Marcau-aux-Bois.	753	34
17	Santeau	474	11
18	Vrigny.	831	27
19	Boynes.	1.638	117
20	Bouilly.	545	11
21	Givraines.	603	12
22	Yèvre-le-Châtel.	476	33
23	Yèvre-la-Ville.	737	20
	Totaux pour Pithiviers.	18.385	1.055
	PARTIE DU CANTON D'OUTARVILLE.		
1	Chatillon-le-Roi.	400	13
2	Grigneville.	576	25
3	Guignonville.	420	12
4	Jouy.	390	20
5	Attray.	378	7
6	Montigny.	407	14
	Totaux pour Outarville.	2.571	91
	PARTIE DU CANTON DE MALESHERBES.		
1	Malesherbes.	1.614	139
2	Césarville.	234	12
3	Dossainville.	190	4
4	Coudray.	312	9
5	Engenville.	654	21
6	Labrosse.	138	1
7	Mainvilliers.	303	13
8	Manchecourt.	644	29
9	Nangeville.	188	6
10	Orveau.	468	15
11	Ramoulu.	415	10
		5.160	259

Nos d'ordre	COMMUNES.	POPULATION.	NOMBRE de patentés.
	CANTON DE PUISEAUX.		
1	Puiseaux.	1.984	175
2	Augerville-la-Rivière.	304	15
3	Aulnay-la-Rivière.	640	26
4	Boësse.	969	43
5	Briarres.	453	23
6	Bromeilles.	807	13
7	Desmonts.	224	3
8	Dimancheville.	141	2
9	Eschilleuses.	923	37
10	Grangermont.	441	18
11	La Neuville.	424	22
12	Ondreville.	346	14
13	Orville.	186	6
	Totaux.	7.842	397
	CANTON DE BEAUNE.		
1	Beaune.	2.131	149
2	Auxy.	1.485	50
3	Bordeaux-les-Ronches.	233	4
4	Egry.	705	21
5	Juranville.	748	11
6	Lorcy.	704	21
7	Boiscommun.	1.234	117
8	Chemault.	473	21
9	Montbarrois.	484	4
10	Montliard.	346	5
11	Nibelle.	1.237	49
12	Saint-Loup-des-Vignes.	710	14
13	Nancray.	943	46
14	Barville.	551	28
15	Batilly.	832	41
16	Chambon.	928	29
17	Courcelles.	525	19
18	Gaubertin.	484	10
19	Saint Michel.	323	4
	Totaux.	15.076	643
	COMMUNES DU DÉPART^t DE SEINE-ET-OISE, *(Atlas des Départements.)*		
1	Boigneville.	439	
2	Bouville.	629	
3	Buneau.	404	
4	Champmotteux.	409	
5	Courances.	369	
6	Courdimanche.	160	
7	Dannemois.	411	
	A Reporter.	2.821	

Ces renseignements manquent sur les cantons étrangers à l'arr. de Pithiviers.

Nos d'ordre	COMMUNES.	POPULATION.	NOMBRE de patentés.	Nos d'ordre	COMMUNES.	POPULATION.	NOMBRE de patentés.
	Report.	2.821			Report.	2.217	
8	Dhuison.	366		3	Bellegarde.	1.095	
9	Gironville.	368		4	Corbeilles.	1.260	
10	Maisse.	890		5	Mignerette.	346	
11	Mespuy.	239		6	Gondreville.	314	
12	Milly.	1.941		7	Villevocques.	222	
13	Moigny.	629		8	Ouzouer.	285	
14	Puiselet.	244		9	Quiers.	784	
15	Prunay.	114		10	Moulon.	466	
16	Oncy.	200		11	Migniers.	314	
17	Roinvilliers.	122		12	Chapelon.	375	
18	Valpuiseaux.	409		13	Mézières.	451	
19	Vayre.	304		14	Fréville.	321	
20	Videlles.	645		15	Néploy.	475	
				16	Chailly.	615	
				17	Prenoy.	415	
	Total.	9.292		18	Beauchamps.	551	
				19	Auvilliers.	618	
				20	Sury-aux-Bois.	920	
				21	Ingrannes.	562	
				22	Sully-la-Chapelle.	581	

COMMUNES DU DÉPARTᵗ DE SEINE-ET-MARNE.
Même Atlas.

Nos d'ordre	COMMUNES.	POPULATION.
1	Tousson.	540
2	Buthiers.	287
3	Herbeauvilliers.	124
4	Rumont.	265
5	Fromont.	409
6	Boulancourt.	281
7	Burcy.	371
8	Nanteau-sur-Essonne.	309
	Total.	2.586

COMMUNES DU DÉPARTEMENT DU LOIRET
Hors de l'arrondissement de Pithiviers.

Nos d'ordre	COMMUNES.	POPULATION.
1	Saint-Maurice.	857
2	Ladon.	1.360
	A reporter.	2.217

Total. — 13.237

RÉCAPITULATION GÉNÉRALE DU TRACÉ PAR PITHIVIERS.

comᵉˢ		POPULATION.	NOMBRE de patentés.
23	1. — Canton de Pithiviers.	18.385	1.055
6	2. — Partie d'Outarville.	2.571	91
11	3. — — de Malesherbes.	5.160	259
13	4. — Canton de Puiseaux.	7.842	397
19	5. — — de Beaune.	15.076	643
20	6. — Communes de Seine-et-Oise.	9.292	»
8	7. — — de Seine-et-Marne.	2.586	»
22	8. — — du Loiret (hors l'arⁱ	13.237	»
122	Totaux généraux.	74.149	2.445

DEUXIÈME TABLEAU

Présentant le nombre des communes et des populations desservies par le tracé passant par Puiseaux.

Nos d'ordre	COMMUNES.	POPULATION.	NOMBRE de patentés.	Nos d'ordre	COMMUNES.	POPULATION.	NOMBRE de patentés.
PARTIE DU CANTON DE PITHIVIERS.				**PARTIE DU CANTON DE MALESHERBES.**			
1	Estouy.	550	31	1	Malesherbes.	1.614	139
2	Marsainvilliers.	323	11	2	Césarville.	234	12
3	Givraines.	603	12	3	Coudray.	312	9
	Totaux.	1.478	54		A Reporter.	2.160	160

Nos d'ordre	COMMUNES.	POPULATION.	NOMBRE des patentés.
	Report.	2.160	160
4	Dossainville.	190	4
5	Labrosse.	138	1
6	Manchecourt.	644	29
7	Nangeville.	188	6
8	Orveau-Gollainville.	468	15
9	Ramoulu.	415	10
	Totaux.	4.203	225
13	Communes du canton de Puiseaux détaillées à l'état qui précède. . .	7.842	397

PARTIE DU CANTON DE BEAUNE.

Nos d'ordre	COMMUNES.	POPULATION.	NOMBRE des patentés.
1	Beaune.	2.131	149
2	Auxy.	1.485	50
3	Barville.	551	28
4	Batilly.	832	41
5	Boiscommun.	1.234	117
6	Bordeaux-les-Rouches.	233	4
7	Egry.	705	21
8	Gaubertin	484	10
9	Juranville.	748	11
10	Lorcy.	704	21
11	Montbarrois.	484	4
12	Montliard.	346	5
13	Saint-Loup-des-Vignes.	710	14
14	Saint-Michel.	323	4
	Totaux.	10.970	479

SEINE ET MARNE.

Nos d'ordre	COMMUNES.	POPULATION.	NOMBRE des patentés.
7	Communes indiquées à l'état qui précède.	2.277	
8	Aryille.	277	
9	Obsonville.	129	
10	Amponville..	268	
11	Jacqueville.	140	
12	Ichy..	267	
13	Gironville.	298	
	Total.	3.636	

SEINE ET OISE.

Nos d'ordre	COMMUNES.	POPULATION.	NOMBRE de patentés.
20	Communes détaillées à l'état qui précède.	9.292	

ARRONDISSEMENT DE MONTARGIS.

Nos d'ordre	COMMUNES.	POPULATION.	NOMBRE de patentés.
1	Saint-Maurice.	857	
2	Ladon.	1.360	
3	Bellegarde.	1.095	
4	Corbeilles.	1.260	
5	Mignerette.	346	
6	Gondreville..	314	
7	Villevocques.	222	
8	Ouzouer.	285	
9	Quiers.	784	
10	Maulon.	466	
11	Miguières.	314	
12	Chapelon.	375	
13	Mezières.	451	
14	Fréville.	321	
15	Neploy.	475	
16	Gondreville.	314	
17	Sceaux.	1.074	
18	Courtempierre.	339	
	Total.	10.652	

RÉCAPITULATION GÉNÉRALE DU TRACÉ PAR PUISEAUX.

Comes		POPULATION.	NOMBRE de patentés.
3	Partie du canton de Pithiviers. . .	1.478	54
9	— du canton de Malesherbes. .	4.203	225
13	— du canton de Puiseaux. . .	7.842	397
20	— du dépt de Seine-et-Oise. . .	9.292	
13	— du dépt de Seine-et-Marne. .	3.636	
18	— de l'arrondisst de Montargis.	10.652	
14	— du canton de Beaune. . . .	10.970	479
90	Totaux généraux.	48.093	1.155

Résumé comparatif des deux Tableaux.

INDICATION DES TRACÉS QUI SONT COMPARÉS	KILOMÈTRES parcourus.	NOMBRE des communes.	POPULATIONS desservies.		NOMBRE de patentés.
			par toute la ligne.	par kilomètre.	
Tracé par Pithiviers	81	122	75.149	915	2.415
Tracé par Aulnay-la-Rivière.	76	101	61.749	812	1.990
Tracé par Puiseaux	73	89	48.143	659	1.155
Différence en faveur de Pithiviers sur Puiseaux.	Excédent de parcours 8	33	26.006	256	1260
id. id. sur Aulnay	5	21	12.400	103	425

Pithiviers, imp. de CHENU.

TABLE DES MATIÈRES CONTENUES DANS LE MÉMOIRE DE M. BRIDOU.

CHAPITRE Ier.

1° Considérations générales et nature de la ligne.
2° La branche par la vallée du Loing. — Ligne principale.
3° La branche par le Gâtinais et l'Essonne. — Ligne d'intérêt local.
4° Pas d'objection possible contre sa déviation de la ligne droite.

CHAPITRE II.
DU TRAFIC ET DES ÉLÉMENTS DE RICHESSE QUE PROCURERA LE PASSAGE PAR PITHIVIERS.

1° Coup d'œil général sur les éléments du trafic.

PRODUITS DE L'AGRICULTURE.

2° Grains.
3° Blés de Saumur, pour semences.
4° Bestiaux
5° Vins.
6° Safrans.
7° Laines.
8° Tanneries, Peaux, Clouterie-Crépin.
9° Noix et Pommes de terre.
10° Fruits et Asperges.

COMMERCE ET INDUSTRIE.

11° Voyageurs.
12° Veaux gras.
13° Moutons gras.
14° Oeufs, Beurre, Volailles et Gibier.
15° Dindes et Oies grasses.
16° Draperies, Rouenneries, Épiceries, Quincailleries, Fers, Marbreries, Meubles, Librairies, Papeteries, Joailleries.
17° Pâtés d'alouettes et Gâteaux d'amandes.
18° Marées fraiches et salées.
19° Mouches, Cires et Miels.
20° Alcools, Eaux-de-Vie, Liqueurs et Vinaigres.
21° Tonneaux vides, Cercles et Treillages.
22° Houilles, Charbons de terre.
23° Charbons de bois.

MATÉRIAUX PROPRES A LA CONSTRUCTION.

24° Plâtre.
25° Ardoises.
26° Carreaux.
27° Verres à vitres, Blanc de Céruse.
28° Importation des Grès, Cailloux et Sables de la vallée de l'Essonne et des environs de Malesherbes, ainsi que du Silex de Montargis.
29° Planches, Sapins, Chênes, Bois blanc et Lattes.
30° Messagerie d'Orléans à Pithiviers.

CHAPITRE III.
DES ÉLÉMENTS NOUVEAUX QUI RÉSULTERONT DE LA CONSTRUCTION D'UN CHEMIN DE FER, PAR PITHIVIERS.

1° Bois et Charbons de la forêt d'Orléans
2° Exploitation des Étangs.
3° Carrière de Pierres à chaux et à bâtir.
4° Osiers, Vanneries.

CHAPITRE IV.
DE L'UTILITÉ DU PASSAGE PAR PITHIVIERS.

1° Cette ligne donne satisfaction à Malesherbes, Puiseaux et à tous les principaux pays du Gâtinais.
2° Le tracé par Pithiviers satisfait mieux les usines de l'Essonne et de l'OEuf que celui par Puiseaux.
3° Utilité du tracé par Pithiviers, au point de vue d'un chemin de fer probable de Chartres à Nemours.

CHAPITRE V.

1° D'un projet de tracé par Aulnay, comme terme moyen impossible entre Pithiviers et Puiseaux.
2° Pas de comparaison entre l'importance de Pithiviers et celle de Puiseaux, par suite, pas de terme moyen.
3° Le passage par Aulnay-la-Rivière, inutile à Puiseaux.
4° Le tracé par Aulnay enlèverait une portion notable du trafic assuré par le tracé de Pithiviers.

CHAPITRE VI.

1° Différence de population et de longueur entre le tracé par Pithiviers et celui par Puiseaux.
2° Résumé de la comparaison de ces deux tracés.

CHAPITRE VII.

Nouvelle raison de décider que le chemin de fer doit passer à Pithiviers, tirée du motif pour lequel les habitants de Malesherbes demandent qu'il passe dans les marais, à l'Est de l'Essonne.

CHAPITRE VIII.
RÉSUMÉS ET CONCLUSIONS.

1° Le tracé par Pithiviers, moins coûteux que par Puiseaux, Boulancourt, Buthiers, Nanteau et Boigneville.
2° Tableau présentant le résumé de tous les produits énumérés aux chapitres précédents, tant à l'importation qu'à l'exportation.
3° Conclusions.

ANNEXES.

1° Tableau présentant le nombre des communes et des populations desservies par le tracé passant à Pithiviers.
2° Tableau présentant le nombre des communes et des populations desservies par le tracé passant par Puiseaux.